DU

SERMENT POLITIQUE,

DEPUIS 1789 JUSQU'EN 1830.

ÉCRIT OFFERT AUX ÉLECTEURS DE 1834,

PAR UN ANCIEN DÉPUTÉ.

PARIS,

A. PIHAN DE LA FOREST,

IMPRIMEUR DE LA COUR DE CASSATION,

RUE DES NOYERS, N° 37.

1ᵉʳ JUIN 1834.

DU SERMENT POLITIQUE,

DEPUIS 1789 JUSQU'EN 1830.

Objet de cet Écrit.

Lorsque la loi du 31 août 1830 relative à un nouveau serment fut publiée, l'on vit à la chambre des pairs, à la chambre des députés, dans la magistrature de Paris et des provinces, et dans tous les corps de l'armée, des hommes qui avaient constamment professé les mêmes principes politiques, tenir une conduite directement opposée. Les uns ne voulurent pas continuer leurs fonctions au prix d'un serment, les autres apprécièrent le sens de cette formule, et ils sacrifièrent la répugnance qu'ils devaient éprouver en la prononçant, à l'espoir de prévenir le despotisme et l'anarchie.

Cette diversité de conduite n'altéra en rien l'union des royalistes. On ne vit pas les amis s'éloigner, attendu qu'il était bien connu, des deux parts, que ces conduites diverses ne tenaient qu'à la manière diverse d'interpréter quelques mots, et non à la moindre altération dans les principes ou les sentimens. *La déclaration royaliste, à l'occasion des prochaines élections,* publiée à Paris le 27 avril 1834, et successivement dans les provinces, par les feuilles publiques, organes de cette opinion, n'a fait que constater des sentimens qui étaient dans tous les cœurs.

1

Il est convenu que les royalistes montreront leur accord en se présentant tous aux élections, où ils exerceront leurs droits , « soit par leurs pro-« testations , soit par leurs déclarations, par leurs « mandats ou par leurs votes. » Nul doute que ce ne soit par le *vote* uni au *mandat* qu'on peut servir son département et la France d'une manière plus immédiate , et surtout plus efficace : aussi, dans les diverses parties du royaume, dès les derniers mois de 1830, les hommes distingués par leur zèle et leur courage, qui ont consacré leur temps et compromis leur tranquillité pour fonder les *gazettes de province*, n'ont cessé de montrer , par des raisonnemens dont le fonds est le même, que, dans un état où la *souveraineté* du peuple avait été proclamée, il répugnait, *dans les termes,* qu'un membre du *souverain* pût se lier relativement à ses déterminations futures ; que , par conséquent, l'électeur remplissait toutes ses obligations en donnant son suffrage à celui de ses concitoyens que, dans sa conscience, il en jugeait le plus digne.

Cependant les efforts de ces écrivains ne purent décider les royalistes à se rendre aux élections générales du mois de juin 1831. Les souvenirs d'une révolution qui avait exclu du trône une famille royale, chérie et vénérée, étaient encore trop présens à leur cœur et à leur esprit. La seule *Gazette du Midi* ou de *Marseille* parvint à faire aller les royalistes à quelques assemblées électorales. M. *Berryer* obtint la majorité à *Marseille* et à *Issengeaux.*

Mais l'état de la France, depuis quatre ans,

n'ayant cessé de s'aggraver, beaucoup de royalistes qui n'avaient pas voté en 1831, ont porté leurs suffrages aux élections des membres des conseils-généraux de départemens en 1833, et il est connu qu'un plus grand nombre d'entre eux sont décidés à voter aux élections générales de 1834. Mais il est encore des électeurs, dont on ne peut trop respecter la pureté des vues, qui sont arrêtés par le seul mot de *serment*. Jusqu'à présent on a négligé de leur rappeler l'autorité des exemples que nous fournit la génération qui les a précédés. Les premières discussions sur le serment de fidélité eurent lieu à la suite de la séance royale du 4 février 1790, entre les hommes les plus distingués de l'assemblée *constituante*; et les décisions qui furent prises par ces illustres défenseurs de la monarchie servirent de règle à tout ce que la France offrait alors de plus respectable dans les trois ordres de l'Etat. On a cru utile de rappeler ces faits. Celui qui se propose de les rassembler n'aura qu'à copier le *Moniteur* et les *Mémoires des contemporains*. S'il y joint quelquefois ses propres souvenirs, ce ne sera que lorsque les mêmes faits n'auraient pas été rapportés dans des écrits déja publiés.

CHAPITRE PREMIER.

Serment prescrit aux asssemblées électorales en 1789.

Le 29 décembre 1789, l'assemblée constituante, sur le rapport du comité de *constitution*, adopta le décret suivant :

« Aux prochaines élections, lorsque les assemblées primaires des *cantons*, ou les assemblées particulières de chaque *commune*, auront été formées, et aussitôt après que le président et le secrétaire auront été nommés, il sera, avant de procéder à aucune élection, par le secrétaire et par le président, et ensuite par tous les membres de l'assemblée, prêté le serment de *maintenir de tout leur pouvoir la constitution, d'être fidèles à la nation, à la loi et au roi*, de faire, en leur ame et conscience, le choix qui leur paraîtra le meilleur, et de remplir avec courage les fonctions qui leur seront confiées.

« Ceux qui refuseront ce serment, seront incapables d'élire ou d'être élus. »

Ce fut ainsi que les Français de toutes les provinces de France furent condamnés à se soumettre, sous la foi du serment, à la révolution opérée dans la *journée* du 14 juillet, et si horriblement aggravée dans la *nuit* du 5 au 6 octobre suivant.

Dans le même temps que l'assemblée constituante rendait ce décret, les hommes qui la dominaient propageaient l'anarchie et les malheurs qui en furent la suite, dans toutes les parties du royaume, « et ce n'était pas, comme on pourrait « le croire (dit un témoin non suspect), en accor- « dant seulement de l'indulgence à toutes les ini- « quités ; c'était en les appelant, en les provoquant « quand elles n'étaient encore qu'en voie de se « commettre, en les protégeant ensuite, en leur « accordant *honneur et gloire*, aussitôt qu'elles « étaient commises (1). »

Tant de calamités déchiraient le cœur d'un prince qui n'avait connu qu'une seule passion, celle du bonheur de son peuple : il céda encore au conseil que lui donna M. *Necker*, de recourir à cette même assemblée qui avait si cruellement trompé toutes ses espérances. Ce monarque se rendit à la salle de ses séances, le 4 février 1790 : assis à côté du président, il y prononça un discours dont il suffira de rapporter quelques phrases pour en faire connaître l'objet.

« Messieurs, la gravité des circonstances où se « trouve la France, m'attire au milieu de vous. « Le relâchement progressif de tous les liens de « l'ordre et de la subordination, la suspension « ou l'*inactivité* de la justice.... la situation criti- « que des finances et les incertitudes sur la fortune « publique ; enfin l'agitation générale des esprits, « tout semble se réunir pour entretenir l'inquié- « tude des véritables amis de la prospérité et du « bonheur du royaume.

(1) Mémoires de M. *de Montlosier*, publiés en 1829, dans le temps même où il remplissait de ses attaques contre la religion et la monarchie les colonnes du *Constitutionnel*.

« ..... Que partout on sache que le monarque et
« les représentans de la nation sont unis d'un
« même intérêt et d'un même vœu... Ne professons
« tous, à compter de ce jour, je vous en donne
« l'exemple, qu'une seule opinion, qu'un seul inté-
« rêt, qu'une seule volonté, l'*attachement à la*
« *constitution nouvelle* et le désir ardent de la paix,
« du bonheur et de la prospérité de la France. »

Le *Moniteur* continue ainsi :

« Ce discours du roi est fréquemment inter-
rompu par les applaudissemens de l'assemblée et
des tribunes.

« Le roi était à peine sorti de la salle, que M. le
baron de *Menou* a fait la motion d'envoyer une
députation à S. M. pour lui présenter une adresse
dans laquelle serait exprimée la reconnaissance
de l'assemblée. Cette motion a été vivement ac-
cueillie.

M. *Goupil de Prefeln* : « Je demande que nous
« prêtions tous à l'instant le *serment civique*. »

M. *Emery* : « Ce serment doit être prêté par
« appel nominal, et je crois très juste que ceux de
« nous qui ne le prêteront pas, ne puissent être ad-
« mis à l'assemblée qu'après s'être soumis à l'exem-
« ple général. » — *Cette dernière motion est adoptée.*

« Le président monte le premier à la tribune et
s'exprime ainsi : « Je jure d'être fidèle à la nation,
« à la loi et au roi, et de *maintenir de tout mon*
« *pouvoir* la constitution décrétée par l'assemblée
« nationale et acceptée par le roi. »

« M. l'évêque de Perpignan a paru vouloir faire
quelque restriction à son serment ; M. le prési-

dent l'a rappelé *à l'ordre* par ces mots *oui ou non :* M. l'évêque a dit *oui.*

« On a vu avec plaisir M. le garde-des-sceaux (M. de *Barantin*) qui n'a point perdu le caractère de député en acceptant le ministère, prêter aussi le serment de fidélité exigé de tous. » (*Moniteur* du 6 février 1790.)

En entendant le discours du roi, les députés fidèles avaient été frappés de la plus profonde douleur ; cette condescendance de Louis XVI rappelait la conduite du dernier des *Valois* livrant à la *ligue* la signature du monarque. Cependant la plupart d'entre eux prononcèrent la funeste formule, décidés par les mêmes motifs qui avaient pu y déterminer le premier magistrat du royaume, le ministre le plus dévoué au service du roi et de l'état. Mais plusieurs députés étaient sortis de la salle pour ne pas prêter le serment. De ce nombre fut le *vicomte de Mirabeau.* Lorsque, à l'une des séances suivantes (le 8 février), on le vit entrer dans la salle, un député demanda que la délibération fût suspendue, pour que les membres qui n'avaient pas prêté le *serment civique* fussent tenus de le prêter ou de se retirer.

Alors M. de *Bouville*, le même qui a paru avec une grande distinction au *côté droit* de la chambre de 1815, monta à la tribune et dit : « Je suis l'un « de ces membres. J'ai eu l'honneur d'adresser « mes motifs à l'assemblée et d'énoncer le serment « que ma conscience me permet de prêter. Je « jurerai d'*obéir* à la constitution, mais je ne puis « jurer de la *maintenir ;* et, par ce refus, je crois

« faire quelque chose d'utile à la nation. Il est im-
« possible de *lui enlever le droit de changer la*
« *constitution ; il est impossible de ne pas conve-*
« *nir que les prochaines législatures sont appelées*
« *à faire ces changemens.* Jurer de *maintenir* la
« constitution, ce serait donc jurer de s'opposer
« aux droits de la nation. *Sans doute on n'a pas*
« *attaché ce sens au serment proposé ;* mais c'est
« le sens naturel : si c'était l'acception véritable
« du mot *maintenir*, on ne pourrait blâmer mon
« refus. »

M. de *Laborde* (le frère du *questeur* actuel de
la chambre). « L'assemblée nationale ne se croyant
« pas liée par les *capitulaires* des siècles passés,
« *elle ne pense pas lier les races futures.* La cons-
« titution conserve au peuple le droit de s'assem-
« bler en convention nationale pour réformer
« cette même constitution. Ainsi le préopinant,
« en jurant de la *maintenir, jurera* également de
« *maintenir* à la nation le droit de la perfectionner. »

M. *le président.* « . . . Il ne s'agit pas de dé-
« *truire le pouvoir de la volonté générale....* »

M. *Desmeuniers* (membre du comité de *consti-*
tution). « Le préopinant n'aurait pas témoigné les
« scrupules qu'il a témoignés, s'il avait voulu se
« rappeler qu'un article de la *Déclaration des*
« *Droits* conserve le droit essentiel, inhérent à
« la nation, de *changer la loi qu'elle s'est donnée ;*
« *et certes on a assez souvent prêché cette doc-*
« *trine dans cette assemblée....* »

M. *de Saint-Simon.* « D'après l'explication adop-
« tée par l'assemblée, *je le jure.* »

« MM. de *Bouville*, de *Chaillou* et le vicomte
de *Mirabeau* prêtent leur serment en se servant
des mêmes expressions. »

Toutes les instructions qui résultent de cette
séance du 8 février 1790 sont incontestablement
aussi décisives pour les royalistes de 1834, qu'elles
le furent pour les royalistes de ce temps. Les auteurs de la loi du serment de 1830 n'ont-ils pas
proclamé de même, à l'*unanimité*, qu'ils venaient
remettre en vigueur les principes *immortels* de
1789? Les premières lignes de la charte du 7 août,
et les lois subséquentes n'ont-elles pas constamment appliqué ces principes? Et si l'un des organes de ce parti, dénaturant nos explications au
sujet du nouveau serment, les traite de « pi-
« toyable et honteuse *escobarderie* politique, in-
« digne d'honnêtes gens » (*Constitutionnel* du
14 mai), ne peut-on pas lui dire : les auteurs de
la *honteuse escobarderie* ce sont vos pères, vos
maîtres, vos héros, répondant aux *scrupules*
des royalistes; et ceux-ci ne peuvent-ils pas, en
1834, comme en 1790, déclarer avec M. *Fran-
çois de Laborde*, « qu'en jurant de maintenir la
« constitution, ils *jurent en même temps* de main-
« tenir à la nation le droit de la perfectionner? »
avec M. *Desmeuniers*, organe du comité de *constitution* « que la déclaration des droits de l'homme
« et du citoyen conserve le droit *essentiel*, *inhé-
« rent* à la nation de *changer* la loi qu'elle s'est
« donnée », et qu'ainsi le serment de 1830 laisse
à tout Français, dans l'exercice de ses droits politi-

ques, comme le serment de 1790, sa pleine liberté pour ses futures déterminations?

Les élections pour les corps *municipaux*, pour les administrations de *district* et de département eurent lieu au mois de mars 1790. L'explication donnée par l'assemblée *constituante* ayant prévenu tous les scrupules au sujet du serment, personne ne fit difficulté de voter pour ces élections, et dans toutes les provinces les suffrages se réunirent sur les hommes les plus considérés par leur popularité héréditaire, par l'amour de la vraie liberté, et par conséquent les plus opposés à la révolution. On peut juger de l'esprit qui animait alors la France par le nom des hommes que ces administrations de département élurent pour leurs présidens. On a remarqué que lorsque, vingt-cinq ans après, la France fut de même effrayée par une autre révolution, celle des *cent jours*, elle revint aussitôt vers ces hommes respectables et vraiment *nationaux :* presque tous ceux qui avaient survécu à la révolution, parmi les présidens des administrations de département de 1790, furent nommés à la chambre de 1815.

Les maires, les autres officiers municipaux avaient été choisis aussi, en 1790, parmi les hommes le plus connus pour leur dévouement au bien public. Ce fut sous les auspices de ces administrations que furent faites les députations des gardes nationales de France à la *fédération* du 14 juillet 1790. La veille de ce jour, M. de *Lafayette* présenta au roi, selon l'ordre des départemens, ces députés des gardes nationales de tout le royaume.

« Que de scènes attendrissantes (dit un témoin
« oculaire) offrit cette présentation ! On y re-
« connut ces Français qui, pendant la maladie de
« Louis XV, à Metz, faisaient retentir nos temples
« de leurs prières et de leurs sanglots. » (*Der-*
nières années de Louis XVI, par M. *Hue*.)

Un autre historien, qui rapporte aussi ce qu'il
a vu, peint avec un vif intérêt cette réunion de
la jeunesse de nos provinces. « Le choix des fé-
« dérés était excellent ; c'étaient pour la plupart
« des jeunes gens d'une fortune aisée, qui même,
« en aimant la révolution, détestaient l'anarchie, et
« se souvenaient des sentimens d'amour pour le
« roi que d'honnêtes parens leur avaient incul-
« qués. La plupart d'entre eux, en arrivant, de-
« mandèrent à voir le roi et la reine, et revenaient
« charmés d'un accueil plein d'obligeance et de
« grace ; chacun aimait à répéter ces paroles que
« le roi avait adressées aux fédérés : «*Dites à*
« *vos concitoyens que le roi est leur père, leur*
« *frère, leur ami ; qu'il ne peut être heureux que*
« *de leur bonheur, grand que de leur gloire,*
« *puissant que de leur liberté, souffrant que de*
« *leurs maux.... »*

« Le 14 juillet, le *serment* est prêté par le roi,
« par les députés, par tous les assistans... C'est le
« roi qui est devenu l'unique objet de l'enthou-
« siasme. Les *fédérés* et les soldats ont tout en-
« traîné dans ce sentiment d'amour qui les trans-
« porte. On n'entend plus retentir que les cris de
« *vive le roi !* Ces témoignages renouvelés et tou-
« jours mieux sentis le retiennent sur le trône.

« L'assemblée s'étonne et s'inquiète de voir ces
« transports se prolonger... L'assemblée souhai-
« tait vivement le départ de ces *fédérés* dont elle
« avait attendu l'arrivée avec tant d'impatience :
« elle se voyait négligée par eux ; ils ne venaient
« point à sa barre l'enivrer de ces louanges em-
« phatiques et banales qui les conduisaient tou-
« jours à des fautes nouvelles ; ils partirent peu
« satisfaits des Parisiens qui se lassaient de ré-
« pondre à leurs vœux monarchiques (1). »

Louis XVI a souvent répété que ce jour de la
fédération de 1790 avait été le dernier beau jour
de sa vie.

On put bien distinguer alors la vraie France,
l'immense majorité de la nation de la France *révolutionnaire;* mais celle-ci tenait le roi prisonnier ; on pouvait s'attendre à tous les malheurs.

(1) *Lacretelle*, Histoire de l'assemblée constituante.
La partie de cette histoire, relative à la *fédération* de 1790,
et aux *journées* du 13 *vendémiaire* et du 18 *fructidor*, a toute
l'authenticité et le charme des *Mémoires*. M. *Lacretelle* ra-
conte les événemens qu'il a vus et auxquels il a pris part. Nous
le citerons encore au sujet de ces événemens.

CHAPITRE II.

Serment prescrit après le départ du roi de Paris.

Louis XVI sortit de Paris la nuit du 20 au 21 juin 1791. Il laissa un écrit portant pour titre : *Déclaration du roi adressée à tous les Français à sa sortie de Paris* ; cette déclaration était ainsi terminée :

« Français, et vous surtout Parisiens, vous
« habitans d'une ville que mes ancêtres se plai-
« saient à appeler *leur bonne ville de Paris*, mé-
« fiez-vous des suggestions et des mensonges de
« vos faux amis ; revenez à votre roi ; quel plai-
« sir n'aura-t-il pas à oublier toutes ses injures
« personnelles, et de se voir au milieu de vous,
« lorsqu'*une constitution qu'il aura acceptée li-
« brement* fera que notre sainte religion sera
« respectée, que le gouvernement sera établi sur
« un pied stable, et que par son action les biens
« et l'état de chacun ne seront plus troublés ; que
« les lois ne seront plus enfreintes impunément,
« et qu'ainsi la liberté sera posée sur des bases
« fermes et inébranlables. *Signé* LOUIS. »

« Dans la séance du 22, l'assemblée nationale décrète que le *serment* ordonné les 11 et 13 juin précédens (relatif à l'armée) sera prêté dans la forme qui suit : « Je jure d'employer les
« armes remises dans mes mains à la défense de
« la patrie, et à maintenir contre tous les enne-

« mis du dedans et du dehors la constitution dé-
« crétée par l'assemblée nationale, de mourir
« plutôt que de souffrir l'invasion du territoire
« français par des troupes étrangères, et de *n'o-*
« *béir qu'aux ordres qui seront donnés en consé-*
« *quence des décrets de l'assemblée nationale.* »

Le président. « Tous MM. les fonctionnaires
publics faisant partie de la force publique armée
me demandent à l'envi de prêter de suite leur
serment entre les mains de l'assemblée nationale.»
M. le président lit la formule. « Une foule de
membres se précipitent à la tribune et prêtent le
serment... »

« Deux membres prêtent serment avec restriction. Un troisième prête serment de fidélité au
roi. » (*Moniteur.*)

On lit sur la même séance, dans les Mémoires
de M. de *Ferrières :* « Les militaires du *côté droit*
« se rendirent à la tribune, lentement et de
« mauvaise grace ; mais ils n'osèrent refuser le
« serment. » Les motifs qui les déterminèrent se
trouvent dans une protestation signée par deux
cent quatre-vingt-dix membres du *côté droit* contre
les mesures prises à l'égard du roi. M. de *Fou-
cault*, l'un des signataires, voulut la lire à la tribune, mais l'assemblée refusa de l'entendre. Elle
fut publiée ; on y lit « ... Avant l'époque désas-
« treuse où nous sommes arrivés, nous pouvions
« du moins embrasser le fantôme de la monar-
« chie ; nous combattions sur ses débris ; l'espoir
« de les conserver justifiait notre conduite ; au-
« jourd'hui le dernier coup a été porté à la mo-

« narchie. Mais, au défaut de ce grand motif,
« des devoirs d'un autre ordre se présentent. Le
« monarque existe, il est captif : c'est à l'intérêt
« du roi que nous devons nous rallier : c'est
« pour lui, c'est pour sa famille, c'est pour le sang
« chéri des Bourbons que nous devons rester au
« poste d'où nous veillerons sur un dépôt aussi
« précieux. Nous la remplirons donc encore cette
« obligation sacrée qui seule doit être notre ex-
« cuse ; et nous prouverons par là que, dans nos
« cœurs, le monarque et la monarchie ne peuvent
« jamais être séparés l'un de l'autre... »

Le décret qui prescrivait le serment ayant été
transmis à tous les régimens, le corps des officiers,
presque entier, refusa de le prêter. Ce qui eut lieu
sur tous les points de nos frontières est peint dans
des Mémoires très curieux publiés par M. de *Vil-
leneuve*, alors officier au régiment de Vivarais.
« Quatre heures après avoir refusé le serment à
« Rocroy, nous sortîmes de la ville ; et avant la
« nuit nous étions hors de France. Deux jours
« après, nous faisions partie du rassemblement
« d'émigrés qui se formait à *Ath*, sous les ordres
« de M. le comte de la *Châtre*. »

Ainsi, dans une de ces circonstances extraordinaires qui ne se présentent qu'au milieu des révolutions, des gens pleins d'honneur, et parmi
eux des chrétiens très zélés, se conduisirent d'une
manière directement opposée. Les militaires,
membres de l'assemblée nationale, se dévouèrent
principalement à la défense de la personne du roi,
et ils se soumirent, malgré leur extrême répu-

gnance, à la loi du serment qui seule les mettait à même de remplir une mission aussi sacrée. Les militaires qui émigrèrent portèrent leurs premières vues sur les principes même de notre monarchie. Les uns et les autres se conformèrent à leur position et suivirent la voix de leur conscience : en prêtant le serment et en le refusant, ils remplirent également leur devoir.

Il est remarquable que M. de *Ferrières* qui a constamment voté au *côté droit*, déplore cette détermination. Mais les sentimens qui la produisirent ne sont-ils pas admirables? N'honoreront-ils pas à jamais la fidélité, la loyauté, qui forment l'antique caractère de notre nation? M. de *Ferrières* écrivait ses mémoires lorsqu'on éprouvait les suites funestes de cette émigration. La plupart de ces officiers furent bientôt suivis en pays étrangers par leurs frères, leurs parens, beaucoup même par leurs pères, qui voulurent encore reprendre les armes pour leur roi, sous le drapeau des princes ses frères. On vit les principaux propriétaires disparaître de nos provinces : la plupart des communes furent privées de leurs anciens patrons ; et ce fut l'une des principales causes des mauvais choix qui furent faits à cette époque pour former l'assemblée dite *législative*. L'année suivante, lorsque les *Girondins*, qui dominaient cette assemblée, firent arriver des brigands, de toutes les provinces de France, sous le nom de *Marseillais*, si les militaires émigrés s'étaient rendus aussi dans la capitale pour se joindre à la partie saine de la garde nationale de Paris, le 10 *août* n'aurait-il pas pu être prévenu ? Enfin lorsque les provinces de l'ouest et du midi voulurent, en 1793, se *fédérer* contre la *convention,* ces provinces ne se seraient pas vues privées des hommes qui auraient fait leur principale force.

Ceux qui avaient prescrit un serment, source de tant de maux, en furent aussi les victimes : il vint un temps où le titre de *constituant* menait à l'échafaud, lorsqu'on ne pouvait l'éviter par l'émigration.

CHAPITRE III.

Serment de fidélité à la constitution de l'an III. — Observations sur les journées du 13 *vendémiaire* et du 18 *fructidor.*

Après la *journée du* 9 *thermidor,* le cri de la France força la *convention*, qui s'était elle-même décimée, à mettre fin à cet horrible despotisme qu'on appelait gouvernement révolutionnaire, et à donner une constitution à la France : on la chercha dans une mauvaise imitation des *États-Unis* d'Amérique : mais au lieu d'un *président* de la république, comme le voulaient les hommes habiles parmi les conventionnels, la majorité fut pour un *directoire exécutif,* composé de cinq membres ; ce qui heureusement plaça un principe de dissolution dans ce détestable gouvernement. Mais la *convention*, avant de prononcer sa séparation, avait aperçu la tendance générale des esprits dans toute la France, à nommer les députés les plus opposés à la révolution ; elle voulut arrêter ce mouvement par un décret qui ordonnât que les deux conseils ne se formeraient et ne se renouvelleraient que par tiers; qu'aux premières élections, au mois de septembre 1795, les départemens ne nommeraient qu'un tiers des députés, et que la *convention*, formée en assemblée électorale, choisirait les deux autres tiers dans son sein. C'est ce qui causa l'insurrection des *sections* de la ville de Paris contre cette usurpation évidente de la *convention* qui violait la *constitution* qu'elle avait elle-même décrétée, et que les *assemblées primaires* de France avaient sanctionnée. Le génie naissant de Bonaparte fit triompher ces vils usurpateurs qu'il devait bientôt remplacer.

C'est ce qu'on appelle la *journée* du 13 *vendemiaire* (5 octobre 1795). Quatre mois auparavant (le 8 juin), *Louis XVII* était mort dans la prison du *Temple*; et peu après *Louis XVIII* avait adressé aux Français une proclamation datée de *Vérone*, où il rappelait *que la déclaration de Louis XVI, du 23 juin* 1789, avait rempli tous les vœux exprimés dans les cahiers de toutes les assemblées électorales de France, et que cette déclaration serait aussi la base de son gouvernement si la divine Providence l'appelait au trône. Ce prince avait admis à sa confiance le célèbre député du Dauphiné, M. *Mounier,* qui aurait été accepté pour intermédiaire par tous les *royalistes constitutionnels;* et si la *convention* n'eût pas été servie par un homme tel que *Bonaparte, Louis XVIII* aurait pu être rappelé comme le fut *Charles II,* par les députés du royaume. De même que la presse avait renversé le trône de nos rois, de même la presse mettait le plus grand zèle à le rétablir. Parmi les écrivains qui avaient embrassé cette cause, on remarquait les anciens académiciens, *La Harpe, Suard, Morellet*, et leurs disciples ou leurs amis, MM. de *Fontanes, Michaud, Fiévée, Richer-Serizy, Charles Lacretelle*, puissamment appuyés par les chefs du parti royaliste dans *l'assemblée législative* de 1792, MM. de *Pastoret*, de *Vaublanc, Quatremère de Quincy*.

Les *deux conseils* voulurent consolider leur existence par un nouveau serment. C'est alors que *La Harpe* leur adressa cette apostrophe qui aura toujours son application à l'égard de tout gouvernement qui n'aura pas de religion de l'état, et qui aura adopté la maxime que *la loi doit être athée*.

« Vous vous êtes corrigés, dites-vous, des fo-
« lies *conventionnelles;* mais l'êtes-vous de cette
« incurable manie des *sermens?* Sur quoi et par
« quoi jurez vous? Un serment en lui-même est
« un acte de religion, et de là cette expression
« usitée, la religion du serment. Pourriez-vous
« me dire, sans métaphores et sans figures,
« quelle est la religion du vôtre, vous qui vous
« piquez de n'en avoir aucune, et qui même ne
« permettez d'en avoir que par pitié pour l'imbé-
« cillité humaine? Est-ce par le nom de Dieu que
« vous jurez? Vous l'auriez dit; mais sans doute
« le grand nombre de ceux pour qui l'on sait que
« ce nom ne signifie rien vous interdit cette for-
« mule, de peur que le nom de Dieu ne fît rire

« dans leur bouche, et ne compromît le serment
« encore davantage. Direz-vous que vous jurez
« par votre conscience ? Mais la conscience ne
« saurait jurer par elle-même, et c'est la cons-
« cience qui est censée jurer. Il n'y a que le Très-
« Haut qui puisse dire : J'ai juré par moi-même. »
(*Du Fanatisme dans la langue révolutionnaire*,
3° édit., 1797, p. 72.)

Ce *serment*, à le considérer comme une simple
promesse, n'avait d'ailleurs aucun sens, puisque,
d'après le principe de la souveraineté du peuple,
chaque député, et même chaque citoyen avait droit
de faire la *motion* d'un changement de gouvernement. Aussi cette nouvelle formule n'empêcha
personne de se rendre à toutes les élections, et de
la garde nationale et des municipalités, et des
juges de paix, et surtout aux assemblées *primaires*
et *électorales* qui formaient les conseils législatifs. Les souvenirs du despotisme de la *convention*
faisaient que les vieillards les plus caducs, les
paralytiques se faisaient porter jusqu'à l'*urne* qui
recevait les suffrages. Cet empressement fût le
même dans toutes les parties du royaume. Le premiers *tiers* des deux conseils législatifs qui avait
été nommé par les assemblées électorales, au mois
d'octobre 1795, était composé, en entier, d'ar-
dens ennemis de la révolution. Le second *tiers*
fut animé du même esprit. « Au mois de mars
« 1797, on procéda à l'élection annuelle pour
« pour remplacer l'un des deux tiers *convention-*
« *nels* que la loi condamnait à sortir. Le *direc-*
« *toire* et la vieille *convention* furent vaincus

« presque sur tous les points... On disait aux dé-
« putés : Dirigez-vous vers le rétablissement de
« la royauté, vers le rappel des Bourbons; c'était
« comme une conspiration de la France entière
« contre le gouvernement qui lui était imposé...»
(*Histoire de France* de M. Ch. Lacretelle, pendant
le directoire exécutif.)

Ainsi c'était toute la France qui s'accordait à
exécuter le dernier serment, comme l'avaient dé-
fini, dans la séance du 8 février 1790, MM. *Des-*
meuniers et *de Laborde*. On se souvenait qu'on
avait aussi juré de conserver le droit *essentiel*,
inhérent à la nation, de changer la loi qu'elle
s'est donnée. (Voyez ci-dessus, p. 10.)

Nul doute que cette *conspiration de la France*
entière n'eût triomphé, sans aucun effort, du
gouvernement révolutionnaire, si on lui avait
donné le temps de nommer le dernier *tiers* des
deux conseils, et d'en exclure ainsi le reste des
conventionnels. Mais *Bonaparte*, après avoir conquis l'Italie, avait jugé, comme *César*, après avoir
conquis les Gaules, qu'il pouvait porter ses vues
jusqu'au souverain pouvoir. Il fit marcher sur
Paris un de ses lieutenans, pour dissoudre l'assemblée des fidèles représentans de la nation. Sans
cette audacieux emploi de la force militaire, la
France, sous la *dictature* d'un grand citoyen et
d'un grand capitaine, le modeste et vertueux
Pichegru, aurait rendu impossible toute usurpation; et au lieu de voir terminer quatorze années de guerre par la perte des provinces belgi-
ques, par une contribution de guerre de deux mil-

liards, par la perte de nos forteresses, nous aurions facilement conservé tout le cours du Rhin, toutes les frontières de l'antique Gaule; et le trône des fils de S. Louis, rétabli hors de la présence des étrangers, aurait été à l'abri des révolutions.

Cette *journée* du 18 *fructidor* sert d'argument à beaucoup d'électeurs qui ne jugent pas à propos d'exercer leurs droits politiques. Mais c'est précisément parce qu'une grande nation a été subjuguée par un homme extraordinaire qui l'a couverte de gloire, qu'une entreprise semblable ne peut plus être tentée.

CHAPITRE IV.

Bref du pape *Pie VI*, qui autorise le serment de fidélité au goûvernement établi à Rome par la république française. — Serment des évêques français après le concordat de 1801.

Il y avait près d'un an que le pape *Pie VI* avait été déporté hors des états pontificaux, et qu'on avait proclamé une *république romaine*, présidée par trois *consuls* qui exécutaient passivement les ordres d'un général français. Parmi divers sermens que ces *consuls* eurent ordre d'exiger, fut le serment de *haine à la royauté*. Ce fut à ce sujet que le souverain pontife adressa à l'archevêque de Nazianze, vice-gérant de S. S. à Rome, le bref du 16 janvier 1799, dont la principale disposition se trouve ici littéralement traduite :

« .... Comme il nous est venu de plusieurs parts
« que les professeurs de l'université de Rome ont
« été déja sommés de prêter ledit serment, nous
« ne pouvons nous dispenser de vous rappeler la
« décision émanée de nous sur ce point, après un
« mûr examen ; c'est-à-dire qu'on ne peut licite
« ment prêter ledit serment purement et simple
« ment, mais qu'on devra se conformer à la for
« mule que nous avons donnée et envoyée, et
« que nous transcrivons ici pour plus grande sû
« reté. *Je jure que je ne prendrai part à aucune*
« *conjuration, complot ou sédition pour le réta*
« *blissement de la monarchie et contre la répu*

« *blique qui gouverne actuellement ; je jure haine*
« *à l'anarchie, fidélité et attachement à la ré-*
« *publique et à la constitution, sauf d'ailleurs la*
« *religion catholique.* »

Pie VI n'avait pas excommunié ceux qui l'a-
vaient fait prisonnier et usurpé ses états, comme
le fit depuis *Pie VII;* il s'était borné à protester
contre ces attentats. Il se regardait toujours
comme souverain de *droit;* mais en qualité de chef
de l'Eglise, il prescrivait l'obéissance au gouvernement de *fait,* conformément à la doctrine des
livres saints, telle que l'Eglise l'a toujours en-
tendu.

A la fin de cette même année (le 28 décembre
1799), les *consuls* de la république française
prirent un *arrêté* ainsi conçu :

« Tous les fonctionnaires publics, ministres
« des cultes et autres personnes qui étaient, par
« les lois antérieures à la constitution, assujétis
« à un serment ou déclaration quelconque, y
« satisferont par la déclaration suivante :

« Je promets fidélité à la constitution. »

Un mois après la publication de cet *arrêté*, le
2 février 1800, l'archevêque de Toulouse, M. de
Fontanges, écrivit : « Je regarde comme un grand
« point la réduction de tous les sermens à l'unique
« promesse de fidélité à la constitution. Je crois
« qu'il n'y a rien là dont les consciences les plus
« délicates puissent s'alarmer; et si on avait be-
« soin d'une autorité, la formule prescrite par
« *Pie VI* pour le clergé romain suffirait pour
« calmer tous les scrupules. Cette formule est :

« *Je jure*, etc. Je n'ai pas hésité à autoriser la
« promesse, et je pense qu'à présent, à Toulouse,
« on a suivi l'exemple du clergé de Paris. »

Dans le même temps, l'archevêque d'Auch,
M. de *la Tour-du-Pin*, adressait une instruction
à son diocèse, où on lisait : « Nous y avons bien
« pensé, nous ne voyons aucune difficulté de faire
« la promesse de fidélité... se soumettre n'est pas
« approuver. »

Les évêques d'*Amiens*, de *Luçon*, plusieurs autres évêques qui étaient encore en pays étrangers ;
de même que les archevêques d'*Auch* et de *Toulouse*, publièrent de semblables instructions ; enfin
l'année suivante, tous les évêques de France prêtèrent le serment prescrit par le concordat de 1801,
art. VI, ainsi conçu : « Les évêques, avant d'en-
« trer en fonctions, prêteront directement, entre
« les mains du premier consul, le serment de fi-
« délité qui était en usage avant le changement
« de gouvernement, exprimé dans les termes
« suivans... « c'est-à-dire le serment que les évê-
« ques de France étaient tenus de prêter à nos
« rois. »

CHAPITRE V.

Serment de fidélité prêté au gouvernement consulaire par les émigrés amnistiés.

Le *senatus-consulte* du 26 avril 1801 , est ainsi conçu : art. III. « Au moment de leur rentrée en « France, ils (les émigrés) déclareront devant les « commissaires qui seront délégués à cet effet « dans les villes de Calais, Bruxelles... qu'ils « rentrent sur le territoire de la république, en « vertu de l'amnistie.

« Art. IV. Cette déclaration sera suivie du *serment* d'être fidèle au gouvernement établi par « la constitution, et de n'entretenir directement « ni indirectement aucune liaison ni correspon- « dance avec les ennemis de l'Etat.

« Art. XVIII. Ceux de leurs biens qui sont en- « core dans les mains de la nation (autres que les « bois et les forêts déclarés inaliénables...) leur « seront rendus. »

L'émigration presque entière profita de cette amnistie, notamment toutes les grandes maisons du royaume ; Napoléon rendait les forêts à ceux qui s'attachaient à sa personne ; les transactions des émigrés avec les acquéreurs furent favorisées par le gouvernement, et le ministre de la police , *Fouché*, en donna lui-même l'exemple. Dans les provinces, les émigrés qui avaient conservé une partie de leurs biens ou qui les avaient rachetés, furent presque tous maires de leurs communes : plusieurs furent membres des conseils-généraux de leurs départemens ; et lorsque , en 1811 , Napoléon constitua les cours impériales , il y fit entrer les membres des anciens parlemens et des autres cours de justice , qui avaient survécu à la révolution. Ils avaient presque tous émigré , et ils n'étaient rentrés en France qu'en vertu de l'amnistie.

Les émigrés militaires ou leurs enfans entraient dans les armées de l'empereur , et lors de la retraite de Russie , il remarqua leur noble fidélité et leur résignation à tant de maux.

Il s'était formé , entre les légitimistes et *Napoléon* , une convention tacite mais plus ferme que si elle avait été écrite et proclamée , parce qu'elle était fondée sur des intérêts et même sur des principes communs (hors son despotisme et ses guerres sans fin). Napoléon n'avait jamais pensé qu'il pût perdre le trône : mais , comme tous les hommes d'une renommée immortelle , il était profondément occupé de perpétuer sa dynastie. Les légitimistes auraient constamment défendu le trône contre les anarchistes , et leur fidélité était assurée à la postérité de Napoléon , hors le cas qui paraissait impossible , du retour de l'ancienne maison royale. *Napoléon* seul pouvait appeler un tel événement qu'aucun des souverains allies n'avait prévu. Le monarque *de droit* , le fils de saint Louis et de Louis XIV , se présenta , et toute la France le reconnut.

———

CHAPITRE VI.

Quelques réflexions sur les sermens de fidélité prêtés à Louis XVIII et à Charles X.

Ce ne sont point les sermens de fidélité, mais la reconnaissance, l'amour des Français, qui ont perpétué la puissance dans la dernière dynastie pendant près de mille ans. Deux occasions solennelles se présentaient pour demander ces sermens, le sacre des rois et la réunion des états-généraux. La relation du sacre de *Philippe I*, l'an 1059, rédigée par l'archevêque de Rheims qui fit la cérémonie, est parvenue jusqu'à nous. Le nouveau roi prononça son serment. Les évêques, les seigneurs et le *peuple* y répondirent par des acclamations, mais ne prononcèrent pas de *serment*. Ce double usage s'est perpétué jusqu'aux sacres de Louis XVI et de Charles X.

Nous avons les procès-verbaux de nos états-généraux depuis les *états de Tours*, sous Charles VIII. Les députés ne furent point appelés à prêter le serment de fidélité au monarque. Cela s'est passé de même jusqu'aux *états-généraux de* 1789 inclusivement. Peut-on imaginer *Louis XVI*, le père de son peuple, faisant comparaître douze cents députés devant son trône pour lui jurer fidélité ! C'est le général Bonaparte qui, après avoir été proclamé empereur, introduisit cet usage. Lorsque Louis XVIII tint la séance royale pour l'ouverture des deux chambres, le 4 juin 1814, les pairs et les députés ne furent pas appelés individuellement à prêter serment. Toute l'assemblée se leva et répondit par ces mots : *Je le jure*, à la formule lue par le chancelier : ce fut une acclamation. Mais les deux chambres se réunirent immédiatement après la séance royale, délibérèrent et votèrent une adresse au roi. On remarquait ces mots dans l'adresse de la chambre des pairs: « La charte que V. M. vient de faire publier, « consacre de nouveau l'antique principe consti- « tutif de la monarchie française, qui établit sur le « même fondement et par un admirable accord, « la puissance du roi et la liberté du peuple. » Et dans l'adresse de la chambre des députés... « L'ar- « mée qui a combattu pour la patrie et pour « l'honneur, et le peuple qu'elle a défendu, re- « connaissent à l'envi que cette paix signée dès « le premier mois du retour de V. M. dans sa « capitale, est due à l'auguste maison de Bour- « bon, autour de qui la grande famille française « se rallie tout entière dans l'espoir de réparer ses « malheurs... »

Les *cent jours* arrivèrent. Ce qui se passa à cette funeste époque aurait dû montrer à jamais l'inutilité des sermens. On ne s'explique point comment à l'ouverture de la session de 1815, les députés furent appelés individuellement, par leur nom, à prêter le serment de fidélité. Une telle cérémonie, que nos pères n'avaient jamais connue, était loin d'être opportune dans l'état actuel de la société.

Il n'y a point eu un seul exemple qu'un serment de *fidélité* à *Louis XVIII* et à *Charles X* ait été refusé par aucun fonctionnaire public ; et cependant plusieurs d'entre eux se sont glorifiés, après la révolution de 1830 , d'avoir *conspiré pendant quinze ans.*

Plusieurs fois avant la dernière révolution, des députés ont voulu proposer à la chambre la suppression de tout serment politique ; ils en furent empêchés par leurs collègues, à cause des motifs qu'il aurait fallu exposer à l'appui d'une telle proposition. Depuis, on a dû avoir de vifs regrets de ce qu'une loi que réclamait également la religion et la politique n'ait pas été donnée à la France après la restauration. Il est probable que , si un tel acte , qui aurait été accueilli avec une satisfaction universelle , avait fait partie de notre législation , le député qui proposa la loi du serment du 31 août 1830 , n'aurait pas obtenu, pour son projet, la majorité des suffrages de la chambre.

CHAPITRE VII.

Les principes qui ont décidé les royalistes à prêter les sermens politiques en 1790, 1791, 1795, 1796, 1797 et 1801, ne sont-ils pas évidemment applicables au nouveau serment?

Lorsque *Louis XVIII* entra en France, le vœu de la nation comme celui du roi était de se soustraire aux effets de la doctrine sur la souveraineté du peuple, qui de 1789 avait mené si rapidement jusqu'à 93, et peu après au despotisme militaire le plus absolu. En conséquence, le roi fit précéder sa charte par ces mots : « Nous avons « volontairement et par le libre exercice de notre « autorité royale, accordé et accordons, fait « concession et octroi à nos sujets, tant pour nous « que pour nos successeurs, et à toujours, de la « charte constitutionnelle qui suit. »

Louis XVIII se refusa à placer dans la charte la loi de succession à la couronne, ne croyant pas digne du monarque de renouveler une loi que les Français avaient si fidèlement exécutée pendant tant de siècles ; et il jugea d'ailleurs que le préambule de la charte constatait suffisamment le droit *héréditaire* qu'il avait de donner des lois à la France. Mais dans les mouvemens séditieux qui eurent lieu à Paris, les premiers jours de juin 1820, on voulut abuser de ce silence de la charte, et les *émeutiers* avaient ordre de crier *vive la charte et et rien que la charte!* C'est ce qui décida la chambre des députés de 1822 d'introduire dans la loi sur

la presse l'article III, ainsi conçu : « Toute attaque
« contre l'ordre de successibilité au trône, les
« droits que le roi tient de sa naissance, ceux en
« *vertu desquels il a donné la charte*, son autorité
« constitutionnelle... sera punie... »

Dans les *trois journées* de 1830, M. de *Lafayette*
et ses amis remirent en *action* les *droits de l'homme
et du citoyen*, la *souveraineté du peuple*, le *droit
d'insurrection*, et ils exclurent du trône le frère,
le neveu et le petit-neveu de *Louis XVIII*. Ils
dressèrent une nouvelle charte, où l'on remplaça
le préambule placé par ce monarque en tête de
celle de 1814, par les mots suivans : « La chambre
« des députés déclare que, selon le vœu et dans
« l'intérêt du peuple français, le préambule de la
« charte constitutionnelle (de 1814) est supprimé,
« comme blessant la dignité nationale, en parais-
« sant octroyer aux Français *des droits qui leur
« appartiennent essentiellement*. »

Peu après la publication de la nouvelle charte,
les chambres firent une loi qui n'avait pour objet
que de tirer les conséquences du préambule dont
on l'avait fait précéder. On révisa donc la loi de
la presse de 1822, et au lieu de ces mots : « Les
« droits que le roi tient de sa naissance », on y a
mis ceux-ci : « Les droits que le roi tient de la *vo-
« lonté du peuple français*. »

Ainsi la nouvelle charte a mis les Français *en
possession* des droits *essentiels*, *inhérens à la nation*
dont M. *Desmeuniers* parla dans la séance du 8 février 1790, et particulièrement de l'un de ces
droits les plus *essentiels*, celui de changer ses lois

selon sa volonté. Ainsi un royaliste peut répondre aujourd'hui au *Constitutionnel* et au *Journal des Débats* que « deux obligations résultent de son ser-
« ment : la fidélité au roi constitutionnel, et la
« fidélité à conserver à la nation son droit *essentiel*,
« *inhérent* à son existence, de changer ses lois. »

Si un des auteurs ou des partisans de la révolution de 1830 jetait les yeux sur cet écrit, il serait bien surpris que nous eussions voulu ainsi prouver ce qui est évident, et ce que, à coup sûr, aucun d'eux ne voudra contester. Mais c'est à des royalistes que nous parlons, et nous nous honorons de tenir à des hommes dont la délicatesse, en pareille matière, a besoin d'explications aussi claires que la lumière du jour, et aussi rassurantes que l'exemple de M. de *Bouville* et du vicomte de *Mirabeau.*

Tous les principes de la révolution se trouvaient dans le serment de *fidélité à la nation, à la loi et au roi*, qui fut cependant prêté par la France, sans exception aucune, d'après l'explication donnée dans cette séance du 8 février 1790. Cette formule n'avait eu cependant d'autre objet que de proclamer la *toute-puissance* des représentans de la *nation*, et la subordination du *pouvoir exécutif* qu'on avait *délégué* à ce *fonctionnaire* que l'on voulait bien encore appeler *roi*. Mais après que Louis XVI fut sorti de Paris, le nom du roi fut même supprimé de cette formule ; cependant, comme on l'a vu, tous les militaires du *côté droit*, à l'exception d'un seul, prêtèrent ce serment. Les puissantes raisons qui décidèrent alors cette élite de la noblesse française, ne sont-elles pas applicables

au serment de 1850? Il est inutile de les dévelop-
per. Et l'émigration tout entière, même ces officiers qui avaient quitté leur régiment pour aller
chercher au-delà des frontières le drapeau français,
sous le commandement de nos princes, qui, après
avoir souffert toutes les privations, toutes les fati-
gues, affronté toutes les chances de la guerre pendant dix années, firent cependant *serment de fidélité*
au gouvernement *consulaire*, avaient-ils des principes de morale et d'honneur différens de ceux
dont les royalistes, électeurs en 1854, ont le droit
de s'honorer ? Et quelle différence dans la gran-
deur des motifs ? En 1801, on venait chercher en
France quelques débris de sa maison, quelques
champs que les acquéreurs avaient délaissés, une
retraite auprès de parens qui avaient conservé de
faibles moyens de subsistance : aujourd'hui, on
vient porter dans les assemblées électorales un
vote qui donnera des défenseurs, puissans par le
caractère et par la parole, à la religion et à la société, et des patrons pour tous les opprimés. Enfin
le serment de *fidélité* autorisé par le bref du pape
Pie VI, du 16 janvier 1799, et le serment de *fidélité* prêté au *premier consul*, d'après le *concordat*
de 1801, par cette église de France qui, depuis
dix ans, avait eu des milliers de martyrs, et qui
avait offert à l'Europe quarante mille confesseurs
de la foi, ces sermens peuvent-ils laisser dans la
conscience d'un catholique quelque doute sur la formule de 1830 ? — En 1801, *Louis XVIII* et la
famille royale de France étaient à *Mittau*.

Parmi les vénérables membres d'une église si

cruellement persécutée, qui, en 1801, prêtèrent serment des fidélité au premier consul, on remarqua un évêque qui, sous Louis XVI, s'était attiré ce même respect, qui, sous Louis XV, avait distingué le saint évêque d'Amiens; c'était M. d'*Aviau*. Il avait prêté serment de fidélité à Louis XVI, comme archevêque de Vienne. Il prêta le même serment, *mot pour mot*, conformément au concordat de 1801, au *premier consul*, comme archevêque de Bordeaux. Le 12 mars 1814, *Napoléon* était avec son armée entre *Troyes* et *Laon :* le duc d'*Angoulême* entre à Bordeaux; « .... Le maire,
« (M. le comte *de Linch*) harangua S. A. R., et
« reçut une réponse digne du petit-fils de Henri IV.
« ...L'archevêque (M. d'*Aviau*) attendait S.A.R. à
« la porte de la cathédrale. L'église était remplie ;
« et le prince (accompagné du prélat) ne *parvint*
« *qu'après trois quarts d'heure* à pénétrer jusqu'au
« sanctuaire... Le *Te Deum* fut chanté (par
« M. l'archevêque et son clergé) et *répété par*
« *tous les cœurs.* » (*Débats* du 2 avril 1814.)

Le *Journal des Débats* aurait-il dit alors que M. l'archevêque de Bordeaux, en jurant fidélité à Napoléon en 1801, avait *juré* de contribuer à le détrôner, ainsi que ce même journal s'exprime aujourd'hui à l'égard des royalistes qui se proposent de voter aux élections prochaines. Comme M. l'archevêque de Bordeaux, ils se conformeront toujours aux dispositions de la Providence, et ils s'uniront au cantique de joie lorsqu'il sera *répété par tous les cœurs.*

CHAPITRE VIII.

Dans les gouvernemens républicains ou *mixtes*, les *droits* politiques n'imposent-ils pas les *devoirs* communs à tout souverain? — Conclusion de cet écrit.

C'est une distinction assez vaine que celle que l'on fait entre les gouvernemens *mixtes* et les gouvernemens *républicains*. Montesquieu dit qu'en Angleterre la république se cache sous la forme de la monarchie. D'après les nouvelles théories, les rois constitutionnels *règnent et ne gouvernent pas ;* aux États-Unis d'Amérique, le président ne *règne pas mais il gouverne.* Ces sortes de gouvernemens ont cela de commun que la puissance législative, exécutive, judiciaire, administrative, étant divisée, chacun est responsable de sa participation à l'un de ces pouvoirs. Lorsque celui de *qui relèvent tous les empires,* nous a retiré le roi légitime, avons-nous été dispensés de faire, en son absence, le bien qui est encore en notre pouvoir ? Chacun de nous, par son suffrage dans sa commune, ne peut-il pas contribuer à former un conseil-municipal de qui dépend ce qu'il y a de plus important au monde, dans l'ordre de la religion, et même dans l'intérêt de la société, l'éducation des enfans? En donnant son suffrage aux meilleurs citoyens pour l'élection des officiers de la garde nationale, ne contribue-t-il pas à donner la plus sûre garantie à l'ordre public? En participant aux fonctions de *juré,* ne peut-il pas soustraire un opprimé à d'injustes accusations? Et surtout par son suffrage dans l'élection d'un député, ne peut-il pas contribuer au salut de la patrie? Les *Souvenirs histoiques* de M. *Berard* (l'auteur de la nouvelle charte) étonneront la postérité en montrant combien peu d'hommes ont décidé de la conservation ou du renversement du trône de nos rois.

La composition actuelle des assemblées électorales donne à la grande majorité de la chambre de 1831, l'assurance de former encore la chambre de 1834. Tous les efforts des électeurs indépendans doivent donc tendre uniquement à faire entrer dans cette chambre quelques hommes de talent qui rempliront la noble fonction dont un seul député a été chargé pendant quatre ans. Les défenseurs des accusés de délits politiques devant les cours d'assises, et les écrivains qui, dans les journaux de la capitale, ont combattu avec tant de persévérance, de courage et de talent, et au mépris de tant de persécutions, pour les principes nécessaires à toute société, de tels hommes sont des candidats pour la France entière.

Les avocats qui ont rendu des services moins éclatans, mais non moins précieux dans leur département, et les auteurs des gazettes de province, fixeront aussi les suffrages dans les parties de la France qu'ils ont particulièrement servies.

Cette puissante minorité n'aura jamais de succès dans la chambre pour les questions politiques; mais elle se fera écouter sur les questions du *budget*, parce que les contribuables écouteront aussi. M. *Berryer* a bien pu, par d'heureuses recherches exposées avec clarté, arrêter vingt-cinq millions qui allaient passer de la poche des contribuables français dans les mains des banquiers américains.

Hors de ces questions de finance, ces députés ne parleront point pour la chambre ; mais, du haut de la tribune, ils s'adresseront à la France, et lui exposeront ses vrais intérêts sur toutes les parties de la législatian ; ils formeront l'esprit public ; et, à chaque élection partielle, on pourra en apercevoir les effets.

Dans une nation aussi éclairée que la France, on doit toujours espérer de l'avenir. Combien l'opinion ne s'est-elle pas éclairée depuis quatre ans, et sur la liberté de la presse, et sur la liberté individuelle, et sur le gouvernement à *bon marché* ?

Il y a quatre ans qu'on ne parlait que des dangers que faisait courir à la France le *parti-prêtre*. Le *choléra* est venu, et ce *parti* s'est montré comme à *Marseille*, il y a un siècle. Cependant la chambre a voté la suppression de trente siéges épiscopaux : cela n'a servi qu'à manifester l'attachement des Français à la religion. Et tandis qu'en Angleterre, au milieu des attaques renouvelées, tous les jours, contre *l'église établie*, on ne connaît de réclamations que de la part des seuls prélats anglicans, on a vu les chefs de familles de trente départemens français signer des pétitions unanimes pour la conservation de leurs évêques.

C'est particulièrement dans la génération nouvelle qu'on remarque un retour sensible vers tous les bons principes. On voit beaucoup de jeunes gens animés de l'esprit de la religion, qui la pra-

tiquent hautement, et qui, par des études sé-
rieuses, se préparent à servir la société. Ces jeunes
gens si remarquables appartiennent principalement à la capitale; mais leur exemple se propage
dans les provinces. Ne semblerait-il pas qu'une
grande nation catholique, telle que la France, qui,
depuis dix-sept siècles, a été instruite et édifiée
par tant de savans et saints évêques, et à qui, dans
ces derniers temps, le ciel a donné deux hommes
prodigieux , tels que *Bossuet* et *Fénélon* , doit
participer, en quelque sorte, à la perpétuité pro-
mise à l'Eglise ?

Les députés qui seront appelés à lui faire entendre leur voix, ont-ils besoin d'être dirigés par
un *mandat?* Ils le trouveront dans leurs propres
principes. Cependant, pour nous rapprocher de
l'antique usage de notre patrie, on jugera sans
doute à propos de leur imposer deux obligations :
la première de demander la suppression du serment politique, la seconde de réclamer sans cesse
une nouvelle loi électorale, dont les élections prochaines vont montrer de plus en plus la nécessité.

Nous avons jugé utile d'insérer ici une *déclaration* qui fut rédigée dans une réunion d'électeurs, avant les élections générales du mois de juin 1831, et publiée dans la *Gazette de France*, le 1er du même mois. Ce numéro de la *Gazette* fut saisi et dénoncé aux tribunaux à cause de la *déclaration des électeurs*. Un arrêt de la cour royale de Paris déclara qu'il n'y avait lieu à accusation, et ordonna que la feuille saisie fût restituée. Au mois de janvier de l'année suivante, à l'occasion de la convocation d'une assemblée électorale à Toulouse, la *Gazette de France* publia une seconde fois la *déclaration des électeurs*; et la *Gazette de Languedoc* ou de *Toulouse* la répéta. D'après une telle authenticité donnée à l'explication du serment et à la valeur qu'on lui attribuait, cent soixante-quinze royalistes votèrent pour M. le duc de *Fitz*-*James*. Aux élections qui avaient eu lieu dans la même assemblée électorale, huit mois auparavant, seulement vingt royalistes avaient voté.

DÉCLARATION.

Les membres du collége électoral de..... soussignés,

Considérant qu'aux termes de l'article 47 de la loi du 19 avril 1831, chaque électeur est assujéti à prêter, avant de voter, le serment prescrit par la loi du 31 août 1830, lequel est ainsi conçu : « Je jure fidélité au roi des Français, obéissance à la charte constitutionnelle et aux lois du royaume ; »

Que ces deux lois, ni celles qui ont été promulguées depuis, ni aucun des actes émanés du gouvernement actuel, n'ont déterminé le sens et les limites de l'engagement qui doit résulter du serment ci-dessus mentionné ;

Que, dans ce silence de la législation, les électeurs, qui ne veulent ni s'engager aveuglément, ni laisser le gouvernement et leurs concitoyens dans l'incertitude sur leurs intentions, ne sauraient se dispenser d'examiner d'une manière sérieuse quelle peut être la portée du serment exigé, et de déclarer hautement ce qu'ils entendent promettre en prêtant ce serment ;

Considérant que la première question, qui en cette matière se présente à l'examen, est celle de savoir si le caractère et les effets du serment dont il s'agit sont ceux du serment par lequel les Français promettaient autrefois fidélité à leurs rois ;

Sur cette question, considérant que le serment était autrefois regardé comme un acte religieux, comme une promesse faite devant Dieu, comme un contrat que Dieu présent ratifiait, comme un engagement qui recevait l'impression de l'autorité souveraine de Dieu, et dont Dieu devait être le garant et le vengeur;

Qu'il ne peut en être ainsi aujourd'hui, puisque le droit public établi pour le moment en France sépare entièrement de la divinité la société civile et politique, et ne reconnaît d'autre souveraineté que celle de l'homme, d'autres engagemens que ceux de l'homme envers l'homme, d'autre sanction que celle qui dérive de la loi de l'homme;

Considérant, d'autre part, que le prince à qui les Français engageaient autrefois leur fidélité par le serment était investi d'une souveraineté perpétuellement transmissible dans sa race, de telle sorte que chaque Français, essentiellement sujet, était en tout temps tenu de lui obéir dans la ligne des principes constitutifs de la monarchie, quelle que fût la personne que l'ordre de primogéniture avait placée sur le trône;

Qu'au contraire le prince envers lequel les lois précitées exigent la prestation du serment tient ses pouvoirs d'une élection censée faite par le peuple au moment où le peuple était réputé saisi de la souveraineté;

Que, par conséquent, la souveraineté qui réside en lui ne s'étend pas au-delà de la concession émanée du peuple;

Que cette concession, limitée par les actes des 7, 9 et 14 août 1830, loin de lui avoir transmis une souveraineté pleine et parfaite, ne lui a conféré qu'un tiers de participation dans la souveraineté dont le peuple continue d'être saisi;

Que, d'après ces mêmes actes, la souveraineté réservée par le peuple s'exerce par les assemblées électorales qui le représentent, et par les mandataires que ces assemblées élisent;

Que l'exercice du droit de souveraineté, ainsi dévolu aux membres des assemblées électorales, ne permet pas de confondre leur condition à l'égard du prince avec l'état subordonné dans lequel tous les Français, sans exception, se trouvaient autrefois à l'égard de leurs rois;

Qu'il résulte évidemment des considérations ci-dessus énoncées que le serment exigé par l'article 47 de la loi du 19 avril 1831 ne peut avoir ni le caractère ni les effets de l'ancien serment de fidélité; d'où il suit que, pour en déterminer le sens, il faut exclusivement envisager la condition des membres des assemblées électorales telle que le principe de la révolution de juillet la constitue présentement;

Considérant que la condition présente des membres des assemblées électorales se trouve caractérisée par le droit de souveraineté dont ils sont saisis;

Qu'il est de l'essence de la souveraineté qu'elle soit indéfiniment libre dans ses déterminations, et que celui qui en est investi puisse maintenir, changer ou détruire les institutions, les lois et les pouvoirs politiques, selon que sa conscience et sa raison lui conseillent de le faire pour la plus grande utilité de tous;

Que cette liberté indéfinie appartient manifestement à l'électeur ;

Que, par conséquent, le législateur n'a pu vouloir lui imposer d'autre promesse que celle d'exercer scrupuleusement son droit suivant les lumières de sa conscience et de sa raison ;

Que c'est exclusivement dans ce sens qu'il est permis d'entendre le serment formulé par la loi du 31 août 1830, en tant qu'il regarde les membres des assemblées électorales ;

DÉCLARENT,

Qu'en prêtant, dans le sein du collége électoral de......, le serment exigé par l'art. 47 de la loi du 19 avril 1831, ils entendent positivement ne s'obliger qu'à y faire ce que leur conscience et leur raison leur démontreront être le plus utile à leur patrie, protestant contre toute autre signification qu'on pourrait essayer d'attribuer à leur engagement.

———

P. S. Nous apprenons qu'une réunion d'électeurs indépendans, de la ville de Reims, viennent de publier cette même déclaration.

Il est certainement très utile que les électeurs les plus marquans, dans chaque arrondissement, souscrivent cette déclaration, ou une autre dans le même sens. Mais on ne pense pas que tous les électeurs royalistes doivent la signer. La constitution de l'État est connue de tout le monde, et par conséquent personne n'est tenu de signer une déclaration qui exprime le principe *essentiel*, *fondamental* de cette constitution. (*Voyez* ci-dessus, p. 10.)

Il est connu d'ailleurs que beaucoup de pères de famille craignent de signer une pièce qui, selon eux, et peut-être selon leur expérience, pourrait devenir un jour une liste de proscription ; mais les candidats doivent, à notre avis, manifester par une profession publique les sentimens unanimes des électeurs qui vont les honorer de leur confiance.

———

Note sur ces mots de la page 8 : *M. l'évêque de Perpignan.*

On a vu que tous les évêques de l'assemblée *constituante*, malgré la répugnance qu'ils éprouvaient, firent le serment de maintenir la nouvelle constitution. L'un d'eux, M. de *Thémines*, évêque de Blois, exposa ainsi les motifs qui avaient formé leur décision.

« L'Eglise a reçu ordre de son fondateur d'être soumise à toutes les
« puissances. Ainsi la politique et les gouvernemens sont pour elle une
« science étrangère. Tout le monde professe ouvertement que tout ci-
« toyen doit jurer *fidélité à la constitution temporelle.* Qu'une consti-
« tution soit bonne ou mauvaise, dès qu'elle est le vœu commun, ou
« regardée comme le vœu commun, elle devient la règle générale ....
« Sous quelque gouvernement qu'on vive, l'ordre établi est la règle
« de l'homme raisonnable et religieux. Rien n'est plus simple et plus
« conservateur que le gouvernement de Jésus-Christ. Son Eglise devant
« subsister partout, doit être indifférente à toute institution civile. Les
« disciples de Jésus-Christ ne sont pas établis pour disputer sur la
« politique et les constitutions. Un serment civique ne peut avoir pour
« objet un immense catalogue de déclarations et de décrets, que beau-
« coup de gens ne lisent ni ne comprennent, mais seulement quelque
« point fondamental qui se saisit aisément.... *Dans un serment de fidé-
« lité, il ne peut être question que de soumission aux lois ..... On peut
« dire qu'il est insensé de le refuser et inutile de l'exiger.* — *Quand
« il s'établit une nouvelle profession publique, en la faisant on en-
« gage sa soumission, et non pas son suffrage.... Les puissances et
« les constitutions sont des faits,* et les faits sont des règles. La Provi-
« dence l'a voulu ainsi pour le repos du monde.... »

Les membres du *côté droit*, soit de l'ordre de la noblesse, soit du tiers-état, prêtèrent aussi le serment, mais après avoir témoigné leur répugnance avec une violence qu'un homme du caractère du *vicomte de Mirabeau* pouvait seul exprimer. A la séance royale du 4 février, à peine Louis XVI avait cessé de parler, que le *vicomte de Mirabeau* se leva, passa brusquement dans les corridors de la salle et brisa son épée en disant « que puisqu'il ne pouvait plus s'en servir pour la défense du « roi, qui ne voulait plus l'être, un gentilhomme n'avait plus besoin « de la porter. » Cependant il céda d'après les explications données dans la séance du 8. (*Voyez* ci-dessus, p. 11.)

Il est important de remarquer que les évêques et les députés militaires, magistrats ou autres du *côté droit* se décidèrent, d'après des motifs différens ; les évêques obéirent simplement aux préceptes des apôtres, tels que l'Eglise les a toujours entendus, et que *Bossuet* les a expliqués dans la *Politique tirée de l'Ecriture-Sainte*, liv. VI, art. 2. D'après ces principes, le serment que l'on prête au gouvernement *de fait* n'ajoute rien à une obéissance qui lui est due, même d'après les publicistes protestans, *Grotius* et *Puffendorf*, à l'absence du roi *de droit*. Ces principes sont applicables à tous les temps et à tous les pays. Les motifs qui décidèrent les autres membres du *côté droit* furent pris dans la nouvelle constitution, et ne sont applicables que chez les peuples où la souveraineté nationale a été proclamée.

Il peut être instructif de rappeler qu'une question analogue s'éleva, dans les colonies anglaises de l'Amérique septentrionale, en 1775. Le clergé catholique fut divisé d'opinion. Sur le motif que la révolution de 1649, et même celle de 1688 avaient donné, ou reconnu pour base à la constitution d'Angleterre la doctrine de la *souveraineté du peuple*, une partie de ce clergé, dans laquelle on remarquait des hommes très respectables sous tous les rapports, se déclara pour l'*insurrection*. Une autre partie à peu près aussi nombreuse, et également bien composée, tint aux anciennes doctrines de la *chrétienté*. Mais, dans le *Canada*, le clergé tout entier, nourri des principes de *Bossuet*, fut unanime pour conserver la fidélité au roi d'Angleterre ; détermination qui *seule* empêcha le *Canada* d'entrer dans l'union. Mais aussi, d'après les mêmes principes, si malgré ces conseils, les *Canadiens* s'étaient joints à la nouvelle république, ces disciples de Bossuet et de Fénélon en auraient été les meilleurs citoyens.

Note sur ces mots de la page 19 : *Perpétuer sa dynastie.*

Dans des *Mémoires* de la *reine Hortence*, publiés à Paris en 1834, on voit sans cesse mettre sur la même ligne les *Bonaparte* et les *Bourbons*. Il y a eu *un Bonaparte*, l'un de ces hommes extraordinaires que la Providence jette dans le monde, à longs intervalles, pour accomplir des desseins dont eux-mêmes n'ont point d'idée : mais il n'y a point des *Bonaparte* dans le sens qu'on dit les *Bourbons*. Comment oser se comparer à la *maison de France*, dont l'histoire rappelle toutes les gloires du moyen-âge et des temps modernes. On peut garantir que, si par des événemens que l'homme ne peut pas prévoir, la France se transformait en république fédérative, le *Bonaparte* qui tenterait de se faire élire *président*, pourrait réunir les voix de quelques anciens serviteurs de sa famille ; mais il n'obtiendrait point les suffrages des anciens *amis* de *Napoléon*, qui croiraient faire injure à ce grand nom, en considérant comme ses héritiers des hommes aussi médiocres, qui n'ont laissé, dans la mémoire des Français, que le souvenir des millions qu'ils ont amassés en France et à la suite de nos armées en Espagne et en Italie, et la grande part qu'ils ont eue à la conspiration du 20 *mars* qui a perdu leur frère, et qui a coûté à la France deux milliards et une partie de ses places frontières.

————

Note qui se rapporte à ces mots de la page 40 : *C'est particulièrement dans la génération nouvelle, etc.*

Ce retour à la religion qu'on a remarqué dans Paris parmi la jeunesse la plus distinguée par ses talens et même par les autres avantages de la naissance ou de la fortune, remonte aux *conférences* que M. l'abbé Frayssinous, depuis évêque d'Hermopolis, commença dans l'église de Saint-Sulpice, peu après la publication du *concordat*. Il y avait à peine trois ans que, dans cette même église, qu'on appelait le *Temple de la victoire*, le buste de *Voltaire* avait été placé sur l'autel, et son *panégyrique* prononcé par un prêtre apostat. Ce fut cet écrivain principalement et les autres philosophes du 18ᵉ siècle, que M. l'abbé Frayssinous s'imposa la tâche de réfuter sur tous les points. Dans l'intervalle de ces conférences, il recevait chez lui tous ceux qui avaient des objections à lui faire, et leur continuait des instructions particulières, tant qu'ils pouvaient le désirer. Ainsi ces conférences commencées en 1803, suspendues en 1809, reprises en 1814 et continuées jusqu'en 1822, se sont perfectionnées pendant près de vingt ans, par une communication continuelle entre l'orateur chrétien et ses auditeurs. Ce grand ouvrage, dédié à Charles X à l'époque de son sacre, et publié sous les auspices de ce monarque, fut aussitôt traduit dans toutes les langues de l'Europe. Il y a deux traductions italiennes, trois allemandes. La dernière a été publiée depuis peu, à Pest, en Hongrie. Ainsi cette *défense de la religion* qui, en France, porte une solide instruction dans toutes les familles, sert, en quelque sorte, d'expiation dans les pays étrangers, pour les maux que nos *philosophes* du 18ᵉ siècle ont fait au monde.

TABLE DES CHAPITRES.

IMPRIMERIE D'A. PIHAN DE LA FOREST,
rue des Noyers, n° 37.